PROJET
D'ASSURANCE
GÉNÉRALE

DE

BIENFAISANCE NATIONALE ET DE SECOURS MUTUEL

DANS LES 86 DÉPARTEMENS;

PROPOSÉ

Par G S. BOYER, Pensionnaire de l'État,

Membre de plusieurs Sociétés savantes.

LA FERTÉ-SOUS-JOUARRE,

IMPRIMERIE DE GUÉDON, PLACE DE L'HOTEL-DE-VILLE, 12.

1842.

PROJET
D'ASSURANCE
GÉNÉRALE

DE

BIENFAISANCE NATIONALE ET DE SECOURS MUTUEL

DANS LES 86 DÉPARTEMENS;

PROPOSÉ

Par G. S. BOYER, Pensionnaire de l'État,

Membre de plusieurs Sociétés savantes.

LA FERTÉ-SOUS-JOUARRE,

IMPRIMERIE DE GUÉDON, PLACE DE L'HOTEL-DE-VILLE, 12.

1842.

AVANT-PROPOS.

Je soumets aux Maires en conseils municipaux; aux Sous-Préfets en conseil d'arrondissement; aux Préfets en conseils-généraux; aux Économistes éclairés, aux Sociétés savantes, à la Presse et au Gouvernement :

Un projet d'assurance générale pour toutes les classes laborieuses des deux sexes, que j'ai conçu et fait publier en 1838, et que je reproduis en 1842, mais en en indiquant les motifs que plus bas; outre l'addition d'un préliminaire :

1° En vue d'une liberté pleine et entière aux cotisés et cotisées d'aller se fixer ou travailler là où là suivant leur caprice ou leur avantage;

2° Que munis de leur livret constatant les versemens réguliers de leurs cotisations, ils puissent, partout, obtenir les secours prévus dans le projet;

3° Parce que par l'établissement d'une caisse générale eu égard à l'ensemble des caisses succursales dans les 86 départemens, les secours à distribuer seraient plus abondans, et les retraites plus élevées.

4° Parce qu'au moyen d'une masse considérable de fonds augmentée et intérêts cumulés par année, il serait des plus possibles de transformer des hôpitaux en maisons de santé (ce qui est dit dans le projet), et d'instituer un certain nombre de maisons de retraite;

5° Et encore vu les grandes ressources, les moyens de répandre l'instruction élémentaire dans toutes les communes de France en augmentant les maisons d'asile;

6° Et en vue de faciliter l'établissement des colonies agricoles; ce qui amènerait une modification si longtemps demandée et attendue du système actuel qui régit les biens communaux, système des plus préjudiciables aux intérêts de l'agriculture.

Néanmoins, si malgré tous ces grands avantages, l'organisation d'une unique assurance de la nature de celle proposée paraît difficile et compliquée, rien ne peut, ce me semble, s'opposer à l'établissement d'une assurance aux mêmes fins que dessus; par département; sans doute les vues exprimées en seront rétrécies les ressources se trouvant divisées.

Nota. J'ai repoussé et refusé la spéculation sociale, qui m'a été proposée.

BOYER,

Membre des Sociétés d'encouragement pour l'industrie nationale et Française de Statistique universelle, à Paris, rue des Tournelles, n° 20; auteur d'une Statistique minéralogique de France et de l'Etranger, encore manuscrite, divisée en 7 grandes parties.

PRÉLIMINAIRE.

Le Corps social est malade quand la misère vient frapper un grand nombre de ses membres. Cette misère est d'autant plus affligeante, qu'elle est presque toujours la cause de toutes les calamités humaines, comme sédition, et comme crimes ; peu la supportent en secret : en un mot la misère fait fourmiller le mendiant...

S'il est bon que dans les grands Etats il y ait des palais somptueux, il serait bon aussi que par des institutions sages et prévoyantes, le haillon et le grabat fussent bannis de toutes les chaumières; alors la poésie pourrait chanter les douceurs de la vie pastorale qui ne serait plus une fiction : elle serait une réalité...

Mais cette beauté pour la vue, pour le charme du sentiment est encore dans l'enveloppe de la terre! Quinze millions d'indigens sur 230 millions d'habitans environ qui surgissent en Europe, sont là pour assurer que le bonheur social n'est pas commun. — En 1839, l'Angleterre comptait un indigent sur seize habitans; la France un sur dix-huit; l'Allemagne un sur vingt; l'Italie un sur vingt-deux; le Portugal un sur vingt-trois. — Privé en ce moment de la statistique des misères des cinq parties du globe que nous avons dressée, notre mémoire nous fait défaut pour en dire plus sur ce triste tableau.

Nous avons dans ce travail, encore manuscrit, rapporté les diverses institutions de bienfaisance existantes en Europe, en Amérique et ailleurs; mais nous pouvons assurer que nous n'avons découvert aucune assurance pour le sort de toutes les classes laborieuses: mais les châtimens ne manquent pas pour les misères humaines. Si à côté du mot punir se trouvait celui de récompense, il pourrait y avoir compensation.

La misère ou l'ilotisme a été la cause du partage de la Pologne... Aujourd'hui elle menace la Constitution Anglaise; autrefois elle a organisé la Jacquerie Française! elle est à craindre partout, car partout, l'esprit d'innovations gouvernementales fermente, et les ambitieux l'appellent pour en former un corps d'armée pour faire triompher leur cause....

Qu'on le sache bien, celui qui possède ne vit pas dans le désordre... Celui qui n'a rien le désire pour avoir..... Que de choses il y aurait à dire à ce sujet... Mais ce qu'il faut dire ici : travaillons pour rendre les classes ouvrières heureuses, et nous consoliderons l'ordre public.... Déjà les caisses d'épargne encouragent à l'économie ; mais ce système est incomplet, car déposer un jour le fruit de ses économies dans une caisse inviolable et qui procure quelques intérêts, et retirer un autre jour ces mêmes économies... où est l'avenir ? Il n'en serait point ainsi si par exemple les ouvriers, les ouvrières des villes et des campagnes versaient même un faible denier, d'où il ne pourrait sortir que pour leur procurer des secours en cas de maladie et une pension de retraite, arrivés à l'âge où le corps fatigué d'un long travail a besoin de repos. Alors l'avenir assuré, nul ne voudrait risquer son sort pour courir souvent à des chimères, et le gouvernement s'en affermirait d'autant plus sans secousse, que toute la masse populaire deviendrait son appui par réciprocité....

Telle a été notre pensée en 1838, quand nous avons rédigé un projet d'assurance générale pour les 86 départemens; projet qui ne peut empêcher la division par département, ce qui pour beaucoup d'esprits serait plus praticable, et que nous avons fait insérer dans le *The Paris and London Advertiser*, que des raisons de temps, et autres que nous taisons, nous portent à faire réimprimer en 1842.

Si le gouvernement et les hommes éclairés applaudissaient à notre idée, les Conseils-Généraux pourraient être appelés à l'examen de ce projet, et chacun en particulier, y faire les changemens que pourraient commander les positions locales.

Et comme dans un grand nombre de départemens on y compte des caisses d'épargne et des succursales, rien ne serait plus aisé que d'établir ces caisses et ces succursales dans les 86 départemens, lesquelles seules deviendraient les bureaux de recettes de l'assurance générale et départementale ; et ces bureaux verseraient dans une caisse centrale : quant à l'emploi des fonds il se ferait d'après les règlemens départementaux.

A Paris, les bureaux seraient établis dans chaque municipalité.

Et relativement aux frais d'administration, l'assurance en supporterait une partie ; et devenant générale, l'Etat supporterait l'autre.

PROJET
D'ASSURANCE GÉNÉRALE.

Imprimé en 1838.

Un philantrope éclairé, M. Boyer, Membre de plusieurs Sociétés savantes, et qui néanmoins ne se targue ni de ses travaux, ni de son savoir, qui ne demande ni croix, ni récompense, mais qui veut le bien pour le bien, va proposer aux Chambres un projet de loi pour l'extinction de la mendicité en France, et pour propager l'aisance dans toutes les classes. Le *Paris and London Advertiser* s'estime heureux d'être l'organe d'une pensée aussi noble et aussi généreuse. Voici comment s'exprime M. Boyer :

« Sera-t-il possible de convaincre les masses, que l'on peut créer une assurance générale dans les quatre-vingt-six départemens, pour améliorer et fixer le sort de plus de dix-huit millions de Français et de Françaises, et de couper la racine de la mendicité? Sera-t-il possible de repousser la crainte de plusieurs de voir s'établir en France, par le projet proposé, la taxe des pauvres qui tourmente la nation anglaise? Enfin, sera-t-il possible de démontrer ou de faire concevoir que le projet peut être exécutable? Quand on a pu établir la conscription, les perceptions des contributions directes ou indirectes, et autres lois qu'on ne peut ici passer en revue, il est bien possible, ce me semble, d'établir une assurance générale, qui n'est qu'un bienfait !

« Comme je ne puis pas entrer ici dans les développemens que cette grave matière comporte, je me bornerai à présenter quelques chiffres et le projet de loi que je propose, sur lequel j'appelle l'opinion générale de la presse.

Classement par âge et par approximation de la population française.

1° De 9 ans et au-dessus. .	5,968,810
2° De 9 à 16 ans.	3,954,370
3° De 16 à 21.	2,652,030
4° De 21 à 25.	2,010,220
5° De 25 à 30.	2,367,230
6° De 30 à 35.	2,201,240
7° De 35 à 40.	2,116,860
8° De 40 à 45.	1,834,780
9° De 45 à 50.	1,641,430
10° De 50 à 55.	1,451,088
11° De 55 à 60.	1,229,140
12° De 60 à 65.	991,930
13° De 65 à 70.	740,520
14° De 70 à 75.	764,050
15° De 80 et au-dessus. . .	166,410
Total	30,090,108

Classement cadastral par approximation.

1,342,000 individus possédant chacun un revenu de 2,000 à 20,000 fr.

13,139,000 individus possédant chacun un revenu de 64 à 464 fr.

8,419,000 agriculteurs sans propriété.

6,600,000 artisans des manufactures, etc.

4,000,000 marchands, fonctionnaires, et exerçant des professions libérales.

Total. 33,500,000 population actuelle.

PAUPÉRISME. — *Ce qu'il coûte à l'État.*

Indigens.	1,852,934 individus.
Mendians.	75,120
Condamnés à diverses peines. .	38,865

On peut compter en nombre rond, 2,000,000 de pauvres actuellement. Voici ce que coûte cette population.

1° Bureaux de bienfaisance (dépenses).	10,375,746 fr.
2° Hôpitaux et hospices.	48,842,576
3° Enfans trouvés ou abandonnés. . .	97,775,613 *
4° Prisons.	8,800,000
5° Entretien des prisonniers. . . .	3,915,580
6° Idem des maisons centrales. . . .	3,621,488
7° Constructions.	1,579,742
Total. . . .	174,910,745 fr.

* Ce chiffre est une erreur en ce qu'il comprend une période de dix années. — La moyenne n'est que 9,777,000,52. — Alors le total annuel est de 87,898,455,49.

Dans un prochain article, nous présenterons le projet de loi tel qu'il a été rédigé par M. Boyer. Ce projet jètera une vive lumière sur la question, que nous recommandons à la méditation des philantropes et des publicistes.

ASSURANCE GÉNÉRALE

DE

BIENFAISANCE NATIONALE ET DE SECOURS MUTUEL

DANS LES QUATRE-VINGT-SIX DÉPARTEMENS,

Proposée par G.-S. BOYER, Pensionnaire de l'Etat, Membre de plusieurs Sociétés savantes.

PROJET DE LOI. — TITRE Ier.

ART. 1. Considérant que dans l'ordre social l'homme doit, par son travail ou par son industrie, pourvoir à ses besoins comme à ceux de sa famille ; qu'il n'y a et ne peut y avoir d'exception qu'en faveur de celui ou celle qui, privé de la vue, estropié, infirme, ou impotent, est inapte au travail, ou les vieillards nécessiteux, à qui la société doit des secours quand leur triste position est légalement constatée.

ART. 2. Il sera ouvert, dans les quatre-vingt-six départemens, une cotisation LIBRE des ouvriers, ouvrières, cultivateurs et personnes en service des deux sexes, dans le but de former une CAISSE UNIQUE, dont les produits seront destinés ainsi qu'il suit : 1° A une distribution de secours en cas de maladie ; 2° En cas d'accidens imprévus, tels qu'une chute grave qui causerait une fracture, etc., etc. ; 3° En cas de cessation momentanée de travail par l'effet de la stagnation du commerce, de notoriété publique, et d'après les besoins constatés du réclamant.

ART. 3. Il sera créé avec les mêmes produits une caisse de retraite pour les cotisés et les cotisées parvenus à l'âge de 60 ans. — Cette retraite en outre pourra être accordée à celui ou celle à qui une infirmité, duement constatée, sera survenue dans le courant de la vie, avant ce même âge de 60 ans.

Art. 4. La cotisation est fixée pour les hommes à 25 centimes par semaine, ou 1 franc par mois, 12 francs par an; et pour les femmes mariées ou filles à 75 centimes par mois, 9 francs par an.

Art. 5. Sur les propositions des préfets, le gouvernement par une ordonnance royale, pourra former des classes de cotisation en faveur des habitans de la campagne. Les cotisés et cotisées pourront verser par anticipation.

Art. 6. Les jeunes gens des deux sexes seront admis à la cotisation à l'âge de 15 ans. Ceux et celles qui attendraient un âge plus avancé se verraient privés d'une partie des bénéfices et avantages énoncés dans l'art. 2 du présent titre.

Art. 7. Pourront être admis à la cotisation déterminée, les Français et les Françaises qui voudront faire partie des membres de l'assurance générale pour jouir des bénéfices et avantages qu'elle propose.

Art. 8. Ceux et celles qui ont fait des versemens dans les caisses d'épargnes seront reçus membres de l'assurance générale, en faisant la déclaration de la somme à prélever sur les fonds qu'ils ont versés dans les susdites caisses d'épargnes, au prorata de la fixation de la cotisation, et par anticipation; il leur en sera délivré récépissé, ou un quittus définitif, si la somme prélevée est égale à celle qu'ils auraient à verser jusqu'à l'âge de 60 ans. — Cette disposition est applicable aux ouvriers qui ont formé des caisses particulières de secours mutuels.

Art. 9. Le gouvernement, par une ordonnance royale, après avoir fait insérer dans le *Bulletin des Lois* et publier dans le *Moniteur* la loi dont est question, fera ouvrir, pour une fois seulement, des registres pour recevoir les soumissions de ceux et celles qui voudront faire partie de l'assurance générale, soit dans les municipalités, soit dans les bureaux ou comités de bienfaisance, soit chez les notaires. — L'énoncé de la soumission sera imprimé, de manière que le soumissionnaire, après lecture, n'aura que sa signature à apposer au bas de sa soumission, et une croix s'il ne sait pas signer.

Art. 10. La constitution définitive de l'assurance générale sera annoncée par une ordonnance royale insérée dans le *Bulletin des Lois* et publiée dans la partie officielle du *Moniteur.* Ceux et celles qui auront soumissionné conformément à l'art. 9, auront droit aux premiers secours qui seront distribués dans les cas précisés, et le temps pour la retraite leur comptera à partir de cette constitution définitive.

Art. 11. Nul ne pourra prétendre aux secours déterminés par l'art. 2, qu'après une année révolue d'inscription dans l'assurance générale, et en justifiant des versemens réguliers dans l'une des caisses dont il sera parlé.

Art. 12. Ceux et celles qui laisseraient passer deux ans après la promulgation légale de la constitution définitive de l'assurance générale, sans avoir fait la soumission prescrite par l'art. 9, et qui voudraient en faire partie, seront tenus de verser dans l'une de ses caisses, et en une seule fois, les cotisations arriérées avec l'intérêt 4 pour cent, pour jouir des avantages des premiers soumisssionnés.

Art. 13 Attendu que nul membre de l'assurance générale, en versant régulièrement ses cotisations mensuelles ou de mois, soit à la caisse municipale, soit à celle des contributions directes, ne pourra être privé d'aucun de ses droits. Les cotisations versées ne seront pas sujettes à remboursement, lors même que, par une disposition personnelle, les cotisés et cotisées viendraient à déclarer qu'ils n'entendent plus faire partie de l'assurance générale.

Art. 14. Les suspensions des versemens réguliers des cotisations fixées par la présente loi, ne seront autorisées provisoirement par le maire, que pour les cas de maladies ou de suspension momentanée de travail ; mais les versemens en retard seront complétés par le retardataire après le rétablissement de sa santé ou après la reprise de son travail.

Art. 15. Tout retardement des cotisations non autorisé par le maire, entraînera la déchéance de tout droit; si après un avertissement de l'un des receveurs de l'assurance générale, le retardataire ne verse dans le délai de quinze jours les cotisations en retard, il sera rayé du tableau des membres de l'assurance générale.

Art. 16. Dans le courant du mois de janvier suivant, l'année expirée, le receveur municipal ou celui des contributions directes réglera le compte ouvert individuel, ou le livret si le mode de perception est conforme à celui des caisses d'épargnes, des membres de l'assurance générale. Le nombre de douze coups d'estampille réglera seul ce compte; le même réglement se fera sur le livret resté entre les mains du cotisé.

Art 17. Les décès des cotisés et cotisées seront profitables à l'assurance générale.

Art. 18. Il sera pourvu par une loi particulière au sort des orphelins au-dessous de l'âge de quinze ans des cotisés, dont le survivant ne pourrait convenablement pourvoir à la nourriture et à l'entretien de ses enfans. Les secours à accorder cesseront d'avoir leur effet dès que les prédits orphelins auront atteint l'âge de quinze ans.

Art. 19. Ceux et celles des cotisés qui, pour raison d'établissement, viendraient à déclarer à leur municipalité respective ou au receveur des contributions directes qu'ils n'entendent plus faire partie de l'assurance générale, feront régler leur compte sur leur livret, qui sera toujours leur propriété. Et si par suite ils veulent rentrer dans leurs droits primitifs, ils le pourront en complétant leur cotisation arriérée, en y ajoutant les intérêts 4 pour cent.

Art. 20. Tout cotisé ou cotisée qui changera de résidence municipale, en fera la déclaration à sa municipalité ou chez le receveur chez lequel il verse habituellement sa cotisation, pour faire régler et arrêter son compte sur son livret.

Art. 21. Arrivé à sa nouvelle résidence, il se présentera à la municipalité pour s'y faire inscrire sur les registres des cotisés. Son compte antérieur sera porté à son nouveau, comme suite et continuation de ses versemens de cotisations.

TITRE II.

Art. 22. Dans le cas où les recouvremens des cotisations se feraient par la voie des collecteurs, les maires, après la promulgation de la constitution définitive de l'assurance générale, nommeront un ou plusieurs collecteurs suivant les besoins présumés.

Art. 23. Ces collecteurs seront chargés de recueillir à domicile, chez les maîtres et maîtresses des cotisés et cotisées, les cotisations qui leur ont été laissées entre les mains par les dénommés, sur les prix des journées de travail ou sur les gages.

Art. 24. Ces collecteurs délivreront aux ayant-droit un bulletin imprimé, qui prendra le titre de récépissé provisoire, et sur lequel seront portées les sommes qui leur seront remises. Ils recevront en même temps les livrets des intéressés, pour leur faire appliquer par le receveur municipal les coups d'estampille récépissés.

Art. 25. Les collecteurs, après avoir opéré leur versement et fait régler les livrets des cotisés, les rapporteront à ceux qui les leur auront confiés, et retireront les bulletins récépissés provisoires, que le receveur municipal comparera avec ses enregistremens.

Art. 26. Les cotisés et cotisées non employés dans les ateliers et autres, s'ils ne veulent eux-mêmes opérer leurs versemens de mois, pourront requérir l'office des collecteurs.

Art. 27. Les receveurs des contributions directes feront les recouvremens des cotisations concurremment avec ceux des contributions qui les instituent, dans les localités où ils seront placés à cet effet par le gouvernement. Ils seront munis de livrets en double de ceux des cotisés et cotisées, et ils opéreront, pour éviter les écritures, comme les receveurs municipaux.

Art. 28. Quel que soit le mode adopté par le gouvernement pour la recette des cotisations, les sommes qui en proviendront, formeront une caisse unique, qui sera le plus prochainement possible réglé par une loi et d'après l'expérience.

TITRE III.

Art. 29. Sur les produits des cotisations versées dans les caisses de l'assurance générale par les jeunes cotisés de 15 à 21 ans accomplis, il sera créé un capital en rente sur l'état 4 pour cent, en faveur de ceux que le sort appellera sous les drapeaux, afin qu'à l'expiration de leur service militaire, il leur soit tenu compte de cet intérêt cumulé.

Art. 30. Cet intérêt 4 pour cent sera calculé pour les cotisés devenus militaires par le fait de la conscription, sur la masse même du capital créé en rentes sur l'état. La loi déterminera sur quelle caisse de l'assurance générale cet intérêt leur sera payé.

Art. 31. Si après l'obtention de leur congé légalement délivré, les dénommés dans l'article précédent veulent rentrer dans l'assurance générale ils seront admis, et le temps qu'ils auront passé sous les drapeaux leur sera compté pour la retraite, sans que pour jouir de ce droit ils aient besoin de compléter la cotisation, à partir du moment où ils auront dû quitter l'assurance générale.

Art. 32. Les cotisés et cotisées qui, depuis la constitution définitive de l'assurance générale, auront régulièrement rempli leurs obligations, auront droit à la retraite la onzième année de la prédite constitution.

Art. 33. D'après les dispositions ci-dessus, les premiers ayant-droit à la retraite ne pourront l'obtenir qu'à l'âge de 65 ans accomplis; mais pour les autres retraites à accorder, l'âge sera celui de 60 ans, art. 3 du titre 1er.

Art. 34. Chaque année, et suivant la situation de la caisse générale, le gouvernement proposera aux chambres la quotité des secours à accorder. Et lorsque cette situation de caisse générale le permettra, une loi fixera le minimum et le maximum de la retraite; pareillement celui des secours.

TITRE IV.

Art 35. Il y aura des maisons de santé pour ceux et celles des cotisés qui, en cas de maladies, voudront s'y faire traiter; et des maisons de retraite pour ceux et celles qui voudront s'y retirer. Seulement ces maisons ne seront distinctes que pour les célibataires.

Art. 36. Le gouvernement réglera le prix de la pension dans les maisons de retraite. Ce prix sera prélevé sur la quotité de la retraite de ceux et celles qui s'y retireront.

Art 37. Les maisons de santé et les maisons de retraite seront dans les attributions du ministre de l'intérieur, sous la surveillance immédiate de l'autorité civile et locale.

Art. 38. Il sera formé dans chaque département, des travaux de divers genres utiles au service de l'assurance générale, comme maisons de santé et de retraite, etc.

Art. 39. Il sera créé des colonies libres agricoles, où seront admis, par privilége, les cultivateurs cotisés et cotisées. Les établissemens de travaux, art. 37, et les colonies dont est question, seront dans les attributions du ministre du commerce et des travaux publics.

Art. 40. En conséquence des dispositions qui précèdent, le gouvernement, au nom de l'assurance générale, fera toutes les acquisitions de bâtimens, terres, mobilières, etc. etc; jugées nécessaires au service de l'institution. Ces acquisitions feront l'objet d'une loi pour être définitives.

Art. 41. Les biens immeubles et meubles, etc., acquis en vertu de l'article précédent, ne pourront sous aucun prétexte, être vendus ou aliénés ; mais le gouvernement dans l'intérêt de l'assurance générale, pourra faire des échanges, qui ne seront définitifs qu'après la sanction des chambres.

Art. 42. Les hôpitaux et hospices actuellement existant, pourront en partie être transformés en maisons de santé et de retraite, du consentement des communes qui en sont les propriétaires, et dès lors ils ne seront plus à leur charge.

Art. 43. Tous les traitemens des agens de l'assurance générale seront fixés par une loi ; mais ces mêmes agens devront concourir à la cotisation fixée.

Art. 44. Pour diminuer le plus possible les frais d'administration, les attributions des comités de bienfaisance seront augmentées, de manière que chacun d'eux ait une caisse formée des produits des cotisations, pour l'acquit et la distribution des secours à accorder aux cotisés et cotisées, qui seront fixés par la loi.

Art. 45. Il y aura dans chaque département un fonds de caisse spécial pour assurer tous les services de l'assurance générale. Cette caisse, jusqu'à ce qu'il en soit autrement ordonné, sera tenue par les receveurs-généraux. A cet effet, le ministre des finances leur ouvrira des crédits, suivant la situation de la caisse générale.

Art. 46 Tous les receveurs de l'assurance générale opéreront, provisoirement, leur versement, soit directement, soit indirectement, dans les caisses des receveurs-généraux de département.

Art. 47. Si après les services de l'assurance générale assurée, il y a des fonds de reste, il sera formé une réserve pour accorder des prix et décerner des médailles d'honneur à ceux des cotisés qui auront fait une découverte importante, soit une invention utile, ou apporté des perfectionnemens dans leur art ou industrie.

Art. 48. Les récompenses dont il vient d'être parlé, seront l'objet d'une solennité réglée par le gouvernement. Chaque année il pourra, s'il y a lieu, en être accordées.

Art. 49. Il pourra aussi y avoir une distribution de médailles d'honneur, même de prix, aux mères de nombreuses familles qui auront dignement rempli les devoirs de la maternité; de même qu'aux filles qui se seront distinguées par leur piété filiale.

Art. 50. Les brevets de retraite seront, sans frais, délivrés par le ministre des finances. Les retraites seront payables, par 12e de mois en mois, par les receveurs-généraux de départemens.

Art. 51. Le gouvernement, au nom de l'assurance générale, acceptera les dons et legs que les personnes généreuses voudront faire pour augmenter les revenus de cette institution NATIONALE.

Tableau des Cotisations pour arriver à la retraite.

HOMMES.

1° De 15 à 60 ans, 45 ans de cot. à 12 f. par an.	540
2° De 20 à 60 ans, 40 ans	480
3° De 25 à 60 ans, 35 ans	420
4° De 30 à 60 ans, 30 ans	360
5° De 35 à 60 ans, 25 ans	300
6° De 40 à 60 ans, 20 ans	240
7° De 45 à 60 ans, 15 ans	180
8° De 50 à 60 ans, 10 ans	120

FEMMES.

De 15 à 60 ans, 45 ans à 9 francs. par an	405
De 20 à 60 ans, 40 ans	360
De 25 à 60 ans, 35 ans	315
De 30 à 60 ans, 30 ans	270
De 35 à 60 ans, 25 ans	225
De 40 à 60 ans, 20 ans	180
De 45 à 60 ans, 15 ans	135
De 50 à 60 ans, 10 ans	90

Voilà quelles seraient les cotisations d'après cette échelle proportionnelle, que les cotisés pour être libérés pourraient verser par anticipation en une ou plusieurs fois.

On pourrait croire qu'il y aurait de 12 à 14 millions au moins de cotisés des deux sexes. Et en combinant pour un laps de temps ce que coûte actuellement le paupérisme à l'état, une partie pourrait faire fructifier la caisse de l'assurance générale. BOYER.

N. B. M. Boyer accueillera, avec reconnaissance, toutes les observations qui lui seront adressées, et prie les personnes qui s'intéressent au progrès des améliorations sociales de vouloir bien faire parvenir, *franco*, leurs remarques sur ce projet au directeur du *Paris and London Advertiser*. Aujourd'hui 1842, à son domicile.

NOTA.

Pour arriver à l'établissement des assurances départementales, on pourrait préalablement demander à MM les Préfets :

1° Quel est le nombre des indigens valides, et celui des non-valides ?

2° Quel genre et le coût des secours qui leur sont procurés ?

DES OUVRIERS.

1° Le nombre des ouvriers et ouvrières, en indiquant les professions ?

2° Les prix moyens des journées de travail?

3° Les prix moyens des substances alimentaires, comme pain, viande, légume, vin ou autre boisson?

4° Les prix moyens des loyers?

5° Le nombre de manufactures en indiquant leur genre?

6° Quels seraient les établissemens industriels que l'on pourrait former?

7° Et enfin les quantités de terres incultes, pour cause d'étangs, de marais, etc?

En connaissant ensuite par département le nombre des caisses d'épargnes et celui des succursales, rien ne pourrait s'opposer, au moyen de toutes ces connaissances, à l'établissement dans chaque département, d'une assurance générale et départementale pour les ouvriers et ouvrières et domestiques des deux sexes des villes et des campagnes.

www.ingramcontent.com/pod-product-compliance
Lightning Source LLC
LaVergne TN
LVHW052025160826
845678LV00003B/1213

* 9 7 8 2 3 2 9 6 3 2 9 1 9 *